Mlle GEORGES

PARIS. — Typ. LACOUR, rue Soufflot, 18.

Mlle GEORGES

LES CONTEMPORAINS

MLLE GEORGES

PAR

EUGÈNE DE MIRECOURT

PARIS

GUSTAVE HAVARD, ÉDITEUR

15, RUE GUÉNÉGAUD, 15

1856

L'Auteur et l'Éditeur se réservent le droit de reproduction.

MLLE GEORGES

Voici une grande figure, chers lecteurs. Trois générations s'inclinent devant la femme célèbre qui a prêté à deux écoles littéraires le rayonnement de son génie. La main de mademoiselle Georges porte deux sceptres; et son front se couronne de deux diadèmes.

Nous sommes dans une petite ville de Normandie, par un soir d'hiver.

Louis XVI règne encore; mais déjà de sourds grondements annoncent la tempête qui doit éclater sur le monarque et sur la France. Nos provinces alarmées ont vu partir leurs notables, que le roi vient d'appeler au secours de son trône; les esprits sont agités, la crainte bouleverse les âmes.

C'est dire qu'il n'y avait pas foule, ce soir-là, au théâtre de Bayeux. Pourtant on y jouait *Tartufe* et la *Belle Fermière*.

Au milieu de la seconde pièce, on remarque tout à coup de l'agitation parmi les musiciens. Quelqu'un s'est approché de M. Georges Weimer, chef d'orchestre.

Ce qu'on lui a dit à l'oreille l'émeut si fort, que son archet perd la tramontane et manœuvre d'une façon désordonnée. Le pauvre homme bat la mesure de travers, égare ses instrumentistes et jette par-dessus la rampe des notes absolument fausses aux chanteurs éperdus.

On l'interroge, il ne répond pas. A chaque seconde son trouble augmente. Bref, il n'y tient plus, abandonne sa place et s'élance hors de l'orchestre.

Rumeur générale.

Est-il malade, sa tête déménage-t-elle; ou vient-il d'apprendre qu'une révolution éclate à Paris?

Le public n'écoute plus les artistes.

On envoie aux informations rue Teinture, où loge M. Weimer, et le messager, rapportant le mot de l'énigme, prend sur lui de dire aux spectateurs, pour calmer leur inquiétude :

— Ce n'est rien, messieurs. La mère et l'enfant se portent bien.

Tout fut expliqué, le trouble du chef d'orchestre, sa maladresse musicale, et sa fuite.

Madame Weimer, soubrette aimée de la ville et du théâtre, tenait ses rôles avec une intelligence parfaite [1]. Très-petite de

---

[1] Elle se nommait Verteuil de son nom de famille. C'était la tante du secrétaire actuel de la Comédie-Française, dont nous avons parlé dans la biographie d'Arsène Houssaye. M. Verteuil est le cousin germain de mademoiselle Georges.

taille; comme Anaïs, elle se montrait sur les planches aussi vive et aussi gracieuse.

La seconde pièce finie, les musiciens prennent leurs instruments, quittent la salle, et vont, rue Teinture, donner une sérénade à la jeune mère.

Or la nouvelle annoncée au public était prématurée.

Notre chef d'orchestre ouvre bien vite sa fenêtre et conjure les musiciens de lui faire grâce de leurs accords.

Ceux-ci ne peuvent plus l'entendre ; la sérénade est en plein cours d'exécution.

Ils prennent ses cris pour des remerciements, ses gestes de désespoir pour des transports joyeux. Trompettes, flûtes, hautbois, violons, rivalisent de zèle, et Marguerite Georges Weimer fait son entrée dans ce monde au milieu de ce tapage harmonieux.

Elle fut baptisée, le lendemain, à la paroisse de Sainte-Exupère.

Six mois après, la troupe quitte les parages normands et se dirige sur Amiens. Georges Weimer était nommé directeur du théâtre de cette ville.

L'enfance de notre héroïne est féconde en épisodes.

Intelligence, beauté, justesse d'esprit, qualités précieuses, admirable instinct de la scène, tout se développe à la fois chez elle et promet au théâtre un prodige.

A cinq ans, elle se fait applaudir dans les *Deux Chasseurs et la Laitière*.

En guise du pot au lait traditionnel, on lui pose sur la tête un sucrier, tant elle est petite.

Les bourgeois d'Amiens raffolent de cette comédienne microscopique, à peine débarrassée de ses langes. De tous les coins de la salle, fleurs et dragées pleuvent sur elle, et chacun s'exclame :

— Bravo, *petiote* Mimi ! bravo !

Ce premier succès devait être accompagné de bien d'autres. Le drame de *Paul et Virginie* fut un des triomphes de Marguerite Georges enfant.

Sur les entrefaites, madame Dugazon

vint jouer l'opéra comique dans la capitale de la Picardie. Elle s'émerveilla de la gentillesse de la fille de Weimer et de son talent précoce.

— Chantez-vous, ma belle mignonne ? lui demanda-t-elle.

— Oui, madame, répondit Marguerite.

Aussitôt elle commence une ariette et se livre à des roulades qui eussent fait mourir de dépit un rossignol.

La Dugazon lui apprend le rôle d'Adolphe dans *Camille ou le Souterrain*. Mimi s'en acquitte à ravir et partage les applaudissements avec la cantatrice célèbre.

— Confiez-moi cette enfant-là, mon cher

monsieur Weimer, dit la Dugazon. Je me charge de sa fortune.

Elle ne décida point le directeur à accepter ses offres.

Weimer adorait sa fille et craignait de la voir, si jeune encore, s'éloigner de lui. Quelques années après, mademoiselle Raucourt, plus heureuse, emmena Marguerite à Paris.

L'illustre tragédienne de la Comédie-Française était, à son arrivée, de fort méchante humeur.

— Qui me donnerez-vous pour jouer Élise dans *Didon*, monsieur Weimer? demanda-t-elle.

— Je vous propose ma fille aînée[1], madame. Sachant que vous deviez venir, elle s'est hâtée d'apprendre le rôle.

— Quel âge a-t-elle, votre fille ?

— Elle est jeune encore, mais j'en réponds.

— C'est absurde ! cria Raucourt. Il n'y a pas moyen de jouer dans ces malheureuses provinces. J'arrive d'Arras. On a voulu me voir dans *Athalie.* Savez-vous quel scandale a eu lieu, grâce à l'un de ces enfants pleins d'inintelligence que vous placez à côté de nous au théâtre ? Le petit sot

---

[1] Mademoiselle Georges avait une sœur qui, dès l'enfance, rendit aussi beaucoup de services à l'administration paternelle. Plus tard, la Porte-Saint-Martin devait faire accueil à Georges cadette et lui confier des rôles qu'elle sut remplir avec talent.

était chargé du rôle de Joas. A cette question de la reine : *Comment vous appelez-vous ?* il devait dire avec Racine : *J'ai nom Éliacin.* Vous ne devinez pas ce qu'il a eu l'abominable niaiserie de répondre?

— Non, madame.

« — Je m'appelle Nicolas Branchu ! »

Et Raucourt, à ce souvenir, levait au plafond ses mains crispées.

— Toute la salle éclata, reprit-elle... Nicolas Branchu !... Mes plus beaux effets manquèrent. Je pris la poste le soir même, et si je retourne jamais à Arras... Nicolas Branchu ! quelle horreur !

— Ici, madame, dit Weimer, vous n'avez pas à craindre semblable chose. Mar guérite est grande et forte; elle a vingt ans pour l'intelligence.

— Oh! oh! c'est une actrice de premier ordre peut-être?

— Non, madame. Cependant je vous prie de ne pas la condamner sans l'entendre. Permettez-lui, s'il vous plaît, de vous donner la réplique.

— Voyons! dit Raucourt en soupirant, amenez-la-moi.

L'expérience fut courte.

Élise débita son rôle avec tant de naturel, et le joua si parfaitement le lendemain, que Didon l'embrassa vingt fois de suite en s'écriant :

— Tu es née pour la tragédie, ma fille, et tu seras mon élève!

Prenant son portefeuille, elle déploya sous les yeux de Weimer une lettre du ministre, par laquelle celui-ci l'autorisait à ramener de son voyage une jeune personne capable de recevoir ses leçons.

— Mais ce n'est pas tout, dit Raucourt: la pension du Conservatoire est promise à celle dont j'aurai fait choix. Douze cents francs, mon cher directeur! Si le ministre manque à sa parole, je m'engage à payer cette pension moi-même. Est-ce convenu?

Les parents de Georges acceptèrent.

Une occasion aussi belle d'assurer l'avenir de leur enfant ne se présenterait plus.

sans doute. Madame Weimer accompagna la jeune fille à Paris, où Raucourt et le ministre tinrent scrupuleusement toutes les promesses faites.

Ceci se passait à la fin de l'année 1801.

Madame et mademoiselle Weimer étaient descendues à l'hôtel du Pérou, rue Croix-des-Petits-Champs.

Tous les matins, hiver comme été, pluie ou soleil, neige ou vent, la mère et la fille se rendaient à pied chez la tragédienne.

Raucourt demeurait allée des Veuves, dans l'ancienne petite chaumière de madame Tallien, chaumière étrange, dont, trois années auparavant, toutes les illustrations du Directoire franchissaient le seuil, et où la fille du banquier Cabarrus régnait en souveraine.

À cette époque, mademoiselle Raucourt ne trouvait point de rivale à la Comédie-Française.

Dumesnil et Clairon vivaient encore; mais on ne les voyait plus aborder le théâtre.

La reine tragique à laquelle, après leur départ, était échu le sceptre de Melpomène, se faisait remarquer par la grandeur et la noblesse de son jeu. Seulement les cordes sensibles ne vibraient que médiocrement en elle.

Raucourt n'avait pas le don des larmes.

Sévère et très-entichée de son mérite,

elle retenait la jeune élève dans le réseau des traditions froides, ne lui permettant aucune initiative, et ne lui enseignant que la majesté sèche, en dehors de tout élan du cœur.

Mais Georges possédait au fond de sa nature les qualités qui manquaient à Raucourt.

Celle-ci ne put les étouffer sous son système, et bientôt elles se réveillèrent magnifiques et sublimes à l'éclat de la rampe.

Le 29 novembre 1802, quatorze mois après son arrivée à Paris, mademoiselle Georges Weimer obtient un ordre de début au Théâtre-Français. Déjà mademoiselle

Duchesnois, autre débutante, l'a précédée dans la lice et l'attend de pied ferme avec sa phalange d'admirateurs.

Âgée de vingt-huit ans, Duchesnois est dépourvue de grâce physique ; sa voix est ingrate, elle en maîtrise difficilement les intonations fausses.

Georges est douée d'un timbre pur et sonore; elle a seize ans, une taille de reine et une beauté splendide.

Jamais lutte ne s'est annoncée comme devant être aussi terrible.

Une foule de protecteurs appuient Duchesnois et se préparent à la défendre. Georges n'a que mademoiselle Raucourt et compte sur le public.

On annonce le jour solennel.

Notre héroïne doit se montrer dans le rôle de Clytemnestre d'*Iphygénie en Aulide*.

Le matin même de la représentation, Raucourt conduit la débutante chez mademoiselle Dumesnil. Elle veut prier celle-ci d'entendre son élève, sachant que les traditions de la vieille Hermione ont été puisées à bonne source et que ses souvenirs remontent presque jusqu'à Racine.

Nos visiteuses trouvent Dumesnil au lit.

Son aspect leur cause une sorte de frayeur, car ce n'est plus une femme, c'est un spectre.

Mais, en écoutant Georges, le spectre se ranime comme par miracle. La flamme tragique étincelle encore dans son regard. Cette ruine humaine se redresse et retrouve toute sa puissance pour déclamer le vers de Clytemnestre :

Ma fille, il faut partir, sans que rien nous retienne.

Elles se rendent ensuite chez Clairon, la jalouse Clairon, cette Mérope par excellence, à qui Voltaire, jadis, a fait croire que personne au monde ne l'égalera jamais.

Clairon ne se console pas des succès de Raucourt, que cependant elle a eue pour élève. Son accueil à ces dames n'est point conforme aux lois d'une stricte politesse.

Mais qu'importe? l'étoile de la débutante n'attend rien d'un astre mort.

Le soir, on se bat à la porte de la Comédie-Française.

Quelques audacieux affirment que mademoiselle Georges est de force à éclipser totalement Duchesnois. On se récrie, on se fâche, on proteste contre la prématurité d'un tel jugement. Ceux qui montrent le plus de colère sont les vieux de l'orchestre, ces momies enthousiastes du passé, toujours fidèles à l'adoration de la même idole, et ne voulant accepter ni la jeunesse, ni le progrès, ni l'avenir.

Chacun est à son poste, admirateurs et détracteurs.

L'abbé Geoffroy, le *monarque du feuilleton*, comme on l'appelait alors, essuie au fond de sa loge le verre de sa lorgnette.

Il détestait Duchesnois à cause de sa laideur ; cet implacable critique n'admettait point le talent sans la beauté.

Georges entre en scène.

Un cri général d'admiration se fait entendre, et les vieux eux-mêmes sont éblouis.

La débutante est belle comme l'antique. Jamais actrice réunissant plus de charmes et possédant un extérieur plus irréprochable ne s'est montée aux feux du lustre pour jeter les spectateurs dans une aussi complète extase.

Elle parle, sa voix achève le triomphe.

On n'a point d'exemple jusqu'alors d'un organe plus énergique, d'une diction plus élégante et plus pure.

Mais les vieux de l'orchestre hochent la tête. Ils sont revenus de leur première surprise. Les instincts d'opposition absurde, un moment étouffés, se raniment; on attend mademoiselle Georges à certain vers suspect de prosaïsme, que les tragédiennes intelligentes doivent relever par la noblesse de l'accent :

Vous savez, et Calchas mille fois vous l'a dit.

Raucourt a conseillé à son élève de le prononcer avec l'intonation la plus naturelle, sans le moindre éclat de voix.

Georges suit le conseil, et lance le fameux vers.

On murmure.

— Ferme, Georgine! crie Raucourt,

qui assistait à la représentation dans une loge du manteau d'arlequin.

La débutante répète sur le même ton les plats et dangereux hémistiches : tous les signes de mécontentement cessent, les bravos éclatent, et le sens commun l'emporte.

A la fin de la pièce, on rappelle mademoiselle Raucourt avec sa brillante élève. Elles partagent l'ovation d'un public enthousiaste, et, le lendemain, dans les *Débats*, Geoffroy sonne de la fanfare.

Il n'entrait pourtant point dans ses habitudes d'accabler ainsi d'éloges les débutantes pauvres, dont il n'espérait ni cadeau, ni offrande d'aucun genre.

On assure, disait alors Luce de Lancival, dans la satire qui a pour titre *Folliculus*,

> Qu'au jour où nos amis viennent du vieux Nestor
> Nous souhaiter les ans, et bien d'autres encor,
> Au jour où les filleuls aiment tant leurs marraines,
> Jour de munificence où, sous le nom d'étrennes,
> Chacun de son voisin attend quelques tributs
> Et d'une honnête aumône accroît ses revenus,
> Il[1] revend au rabais, ou plutôt à l'enchère,
> Le superflu des vins et de la bonne chère
> Dont l'accablent le zèle et l'effroi des acteurs,
> Et que Follicula[2], pour qui les directeurs
> De schalls et de chapeaux renouvellent l'emplette,
> Se fait, pendant deux mois, marchande à la toilette.

Rien n'était plus véridique, il faut le dire, que ces détails donnés par le professeur-poëte[3].

---

[1] Folliculus-Geoffroy.
[2] Madame Geoffroy.
[3] Luce de Lancival était professeur de rhétorique au Lycée Impérial.

Mais, une fois dans sa vie, le monarque du feuilleton montra de la conscience. Il écrivit successivement sur mademoiselle Georges plusieurs articles pleins de louanges.

Voici quelques lignes extraites de l'un de ces articles :

« Les conseillers d'État du roi Priam s'écriaient en voyant passer Hélène : « Une si « belle princesse mérite bien qu'on se batte « pour elle; mais, toute merveilleuse que soit « sa beauté, la paix est encore préférable. » Et moi j'ai dit en voyant paraître mademoiselle Georges : Faut-il être surpris qu'on s'étouffe pour une aussi superbe femme? Mais, fût-elle, s'il est possible, plus belle encore; il eût mieux valu ne pas s'étouffer, même pour ses propres intérêts, car les spectateurs sont plus sévères à l'égard d'une débutante quand sa vue leur coûte si cher. Précédée sur la scène d'une réputation extraordinaire de beauté, mademoiselle Georges n'a point paru au-dessous de sa renommée. Sa figure réunit aux grâces françaises la noblesse et la régularité des formes grecques. Sa taille est celle de la sœur d'Apollon, lorsqu'elle s'avance sur les bords de l'Eurotas, environnée de ses nymphes, et que sa tête s'élève au-dessus d'elles. »

Geoffroy n'oubliait pas, après l'éloge de la beauté, de faire l'éloge du talent.

Le second début de Georges eut lieu dans Aménaïde de *Tancrède*.

Piquée jusqu'à la rage, mademoiselle Duchesnois monte une cabale, et les vieux déclarent qu'on a surpris leur admiration. Deux camps se dessinent, la bataille commence ; on se jette à la tête les banquettes du parterre, les jours où nos deux tragédiennes paraissent dans la même pièce [1].

Toutes les armes sont bonnes.

Au foyer du théâtre on se bat à coups de poing, dans les journaux à coups de plume, chez les bourgeois à coups de langue, chez les militaires à coups d'épée.

Or, à la fin de ces luttes frénétiques, la honte reste aux ennemis de Georges, et la cabale vaincue rentre sous terre.

Il est permis à l'élève de Raucourt d'aborder tous les rôles comme Duchesnois.

Athalie, — *Mérope,* — *Agrippine,* — *Idumée,* — *Cléopâtre,* — *Médée,* — *Sémi-*

---

[1] Dans *Iphigénie en Aulide,* Duchesnois avait le rôle d'Ériphile, Georges celui de Clytemnestre.

ramis, — *Émilie*, — *Didon*, lui appartiennent par droit de conquête. Sa gloire est au comble ; on renonce à lui arracher ses palmes.

Georges est proclamée la première dans les reines.

En ces temps belliqueux, le Théâtre-Français payait médiocrement ses acteurs. (O mademoiselle Rachel ! comme vous avez su, depuis, le corriger de son avarice et ramener la caisse à des procédés plus convenables!) Duchesnois et Georges, nommées sociétaires, eurent quatre mille francs d'appointements, pas un centime de plus; encore fallait-il payer sur ladite somme un certain nombre de costumes, ce qui la réduisait forcément de moitié.

D'honneur, il n'y avait pas de quoi vivre.

Malgré tout, la jeune actrice restait sage. Alexandre Dumas l'affirme [1], et la force de la vérité seule peut subjuguer à ce point le grand amateur de scandales. Il dit que mademoiselle Georges, en rentrant du théâtre, le soir de ces représentations où tout Paris lui jetait des couronnes, soupait à l'hôtel du Pérou avec des lentilles.

Au nombre des illustres personna[ges] que la Comédie-Française admettait d[ans] ses coulisses et au foyer des acteur[s] s[e]

---

[1] Voir les articles publiés par le *Constitutionnel* en décembre 1847.

trouvait, à cette époque, un prince polonais, nommé Sappia.

C'était un grand seigneur, dans l'acception la plus large donnée à ce mot.

Trouvant on ne peut plus étrange qu'une femme admirée de la capitale entière eût un logement presque misérable et des toilettes mesquines, il se fait annoncer chez la jeune tragédienne.

— Mademoiselle, lui dit-il, je suis extrêmement riche, et j'ai beaucoup de peine à dépenser mes revenus. C'est véritablement me rendre service que de m'y aider un peu.

Voyant la surprise de la jeune fille, et lisant quelque défiance dans son regard, il ajouta :

— Ne suspectez point ma démarche, considérez-moi comme un père. Vous êtes ici fort mal logée, mademoiselle, et j'ai pris sur moi de vous choisir un appartement meilleur. En voici l'adresse avec la clef.

— Mais je n'accepte pas... C'est impossible, monsieur ! cria Georges.

— Impossible ! pourquoi donc ? Cinquante mille francs de meubles, des diamants, quelques cachemires... une misère ! cela s'accepte fort bien d'un homme embarrassé de ses deux millions de rente, et qui n'ambitionne, mademoiselle, que l'honneur d'être votre ami. Serrez-moi la main au théâtre, le premier soir où vous jouerez Clytemnestre, et je serai payé au centuple... Je suis votre humble serviteur !

Le prince salua profondément, prit sa canne, son chapeau, et sortit.

Jamais hommage rendu au talent d'une femme ne fut plus désintéressé, plus original et plus sincère.

Ici nous demanderons permission de laisser parler M. Alexandre Dumas, ou celui de ses collaborateurs qui a rédigé les articles du *Constitutionnel*. Nous sommes trop scrupuleux en fait d'emprunts littéraires pour lui voler la gloire des anecdotes qui vont suivre.

Comme nous, il parle du prince Sappia, qu'il nomme à tort *Zappia* : les noms propres, en matière historique, ont une orthographe.

« Le prince, dit-il, s'était informé à la Comédie-Française. Il avait appris que la débutante était sage, et, partant, pauvre. Alors il lui avait pris une idée véritablement princière : c'était de faire sans rétribution aucune, pour une fille pauvre et sage, ce que l'on fait d'ordinaire pour des filles riches et débauchées. Il lui fit meubler un appartement et lui en apporta la clef.

« Et ce qu'il y a de plus beau dans le procédé, c'est que le prince donnait sa parole d'honneur que cette clef était la seule.

« A cette époque où quelques restes de grandeur se débattaient encore contre l'industrialisme naissant, on acceptait comme on donnait. Le lendemain, Georges et sa famille étaient installées rue des Colonnes, dans l'appartement du prince Sappia. La jeune tragédienne trouva sur la table du boudoir une corbeille complète, contenant cachemires, voiles d'Angleterre, bijoux, etc. Et le prince avait dit vrai : non-seulement il n'avait pas de seconde clef de l'appartement, mais encore il n'y entra jamais sans s'être fait annoncer.

« Mais tout le monde n'aimait pas Georges d'une façon si désintéressée.

« Il y avait dans la famille consulaire deux personnages qui avaient remarqué la débutante.

« Lucien d'abord.

« Lucien s'était fait présenter; Lucien faisait sa cour, non pas à la manière d'un prince, mais à la manière d'un étudiant. Lucien n'était pas riche; force lui fut donc de s'attacher au cœur.

« Malheureusement Lucien n'était pas et ne fut jamais un preneur de villes. Il en était à demander à genoux cette fameuse clef absente, lorsqu'un soir, ou plutôt lorsqu'une nuit, après une représentation d'*Andromaque*, la femme de chambre d'Hermione entra tout effarée dans la loge de sa maîtresse en disant que le valet de chambre du premier consul était là.

« On fit entrer le valet de chambre du premier consul.

« Le premier consul attendait Hermione à Saint-Cloud; l'invitation était brusque, mais tout à fait dans les manières du premier consul.

« Dame ! le premier consul était l'homme de Rivoli, d'Arcole, des Pyramides et de Marengo. Antoine avait bien ordonné à Cléopâtre de le venir joindre en Cilicie, Bonaparte pouvait bien ordonner à Hermione de venir le trouver à Saint-Cloud. La princesse grecque ne fut pas plus fière que la reine d'Égy...

« Certes, non moins belle que Cléopâtre, elle aurait pu descendre la Seine sur une galère dorée, comme l'autre remonta le Cydnus. Mais c'eût été bien long. Le premier consul était pressé de faire ses compliments.

« Hermione entrait à Saint-Cloud à minuit et demi; elle en sortait à six heures du matin.

« Elle en sortait victorieuse comme Cléopâtre; comme Cléopâtre, elle avait tenu le maître du monde à ses genoux. Seulement le maître du monde, jaloux comme un simple mortel, avait mis en lambeaux le cachemire du prince Sappia[1]. »

Le lendemain, tout Paris connut le voyage de la tragédienne.

Bonaparte vint assister, deux jours après, à une représentation de *Cinna*. Georges remplissait le rôle d'Émilie. Quand elle en fut à ce passage de Corneille :

Si j'ai séduit Cinna, j'en séduirai bien d'autres,

un tonnerre d'applaudissements éclata du parterre aux combles. Toute la salle

---

[1] (*Constitutionnel*, 16 décembre 1847.) Il est entendu que nous laissons au grand mousquetaire, ou à son collaborateur anonyme, la responsabilité de ces détails. Du reste, il faut rendre cette justice à M. Dumas qu'il ne parle ni de la *pièce de cinq francs* ni de la *sonnette*, deux anecdotes aussi insolentes qu'absurdes, et qui n'appartiennent, en vérité, ni au caractère d'Antoine ni à celui de Cléopâtre.

battit des mains, en se tournant vers la loge du premier consul, et le vainqueur des Pyramides ne parut pas insensible à cette ovation d'un nouveau genre.

Il est vrai que le public, à la même époque, applaudissait également ces deux vers d'une autre pièce [1], en les appliquant au héros par une allusion toute différente :

Ne soyez plus ami, ne soyez plus amant ;
Soyez l'homme du jour, et vous serez charmant.

Mais le public n'en fait jamais d'autres.

La guerre du théâtre, un instant apaisée, se ralluma sur toute la ligne; les rancunes politiques se mirent de la partie, et cette seconde bataille fut curieuse.

Il fallait voir avec quelle ardeur le

[1] L'Homme du jour.

Georgiens et les *Carcassiens* rompaient des lances!

Nous avouons à regret que le nom de ces derniers dérivait très-impoliment de la maigreur extrême de mademoiselle Duchesnois. La galanterie française et les convenances reçurent une grave atteinte. Il est fâcheux d'avoir à signaler de pareils faits dans l'histoire de nos mœurs chevaleresques.

En tête des *Georgiens* se trouvaient tous les membres de la famille consulaire, y compris Joséphine, grande et noble nature, placée beaucoup trop haut pour que l'aiguillon de la jalousie pût même lui effleurer l'épiderme [1].

[1] Joséphine envoya à mademoiselle Georges un man

Les *Carcassiens* avaient sous leur bannière les adorateurs sans espérance de mademoiselle Georges; ce qui constituait une armée formidable.

— Ah çà, de quel côté se range Cambacérès? demandait un soir Talma, au foyer des artistes.

— Il est neutre, répondit Georges.

Mot charmant que toutes les femmes propagèrent par esprit de corps, et que nous rendons à sa véritable source, n'en déplaise à M. Dumas, qui se l'est exclusivement approprié, pour ne rien perdre de ses habitudes.

teau d'or fin pour jouer *Phèdre*; et sa fille, la reine Hortense, a continué depuis à la tragédienne toutes les bontés de sa mère.

En 1804, Napoléon se couronna du diadème des Césars.

La troupe de la rue Richelieu alla jouer fort souvent dans les résidences impériales.

Une actrice singulière et tout à fait inattendue vint, une fois, au théâtre de Saint-Cloud, prendre part à la représentation.

C'était en juillet, la chaleur était insupportable.

On avait laissé toutes grandes ouvertes les fenêtres de l'orangerie.

Soudain Talma tressaille et s'interrompt dans une tirade. Son oreille vient d'être frappée d'un bruit étrange. Il voit passer devant ses yeux une chauve-souris, qui, après lui avoir frôlé la joue de ses ailes membraneuses, et sans doute attirée par l'éclat des diamants de mademoiselle Georges, va tourbillonner cinq ou six fois de suite autour de la tragédienne éperdue [1].

Celle-ci pousse un cri de frayeur et manque de s'évanouir.

Le mammifère volant passe la rampe, visite la salle entière, plane au-dessus des illustres spectateurs, et descend du côté de l'impératrice, qui jette à son tour des cris d'effroi, et le chasse à coups d'éventail.

---

[1] Nous avons retrouvé un autographe de mademoiselle Georges qui mentionne le fait, et nous le donnons à la fin de ce volume.

Notre insolente bête ne se déconcerte pas.

Elle va tour à tour présenter ses hommages aux dames d'honneur, aux duchesses, aux maréchales, aux baronnes, qui la repoussent en agitant leurs écharpes. Puis elle retourne encore à mademoiselle Georges, puis elle revient à Joséphine.

C'est un tumulte impossible à rendre.

Le vainqueur de Marengo se tient les côtés dans un accès de fou rire.

Pour venger ces dames, il rend un ordre d'exil, séance tenante, contre toutes les chauves-souris habitant Saint-Cloud. Les jardiniers de l'orangerie sont chargés de l'exécution du décret.

Le maître, à ces représentations, voulait qu'on rétablît dans les pièces de Corneille certains passages coupés à la Comédie-Française. Ainsi mademoiselle Raucourt dans *Cinna* et mademoiselle Georges dans le *Cid* jouaient, soit à Saint-Cloud, soit à Fontainebleau, les rôles de la femme d'Auguste et de l'Infante, entièrement inconnus au public ordinaire.

Dès cette époque, si le génie des conquêtes n'eût pas été le plus fort, l'Empereur aurait pressenti les lâches revirements qui devaient le conduire plus tard à Sainte-Hélène.

Ses généraux, gorgés d'honneurs et de richesses, n'osaient point refuser de le suivre sur le champ de bataille; mais ils trahissaient leur fatigue et leurs secrets désirs, en applaudissant avec frénésie ce vers de Talma :

Les portes de Janus par vos mains sont fermées.

Mademoiselle Georges eut six années de triomphe au Théâtre-Français et à la cour.

A la fin d'avril 1808, on donna un *Artaxerce* de Jean-Baptiste Delrieu. Notre héroïne jouait le rôle de Mandane. La pièce eut trois représentations; mais, le soir-même où devait avoir lieu la quatrième, une grande rumeur s'éleva.

— Où est Mandane? Il n'y a plus de Mandane!

Sans tenir compte des exigences de

l'affiche, mademoiselle Georges a disparu.

Le télégraphe manœuvre au plus vite; mais il est trop tard. Notre sociétaire fugitive a franchi le pont de Kehl et se dirige en poste, à travers l'Allemagne, du côté de Saint-Pétersbourg.

Soit qu'elle voulût échapper définitivement aux chicanes incessantes de la tragédienne sa rivale, soit par simple caprice, Georges a prêté l'oreille aux offres du comte Tolstoy, ambassadeur de Russie, fin diplomate qui cherchait depuis longtemps à prendre, au nom du czar, une revanche d'Eylau, de Friedland et d'Austerlitz, en dérobant à la Comédie-Française la perle la plus précieuse de son écrin.

Notre illustre tragédienne arrive à Saint-Pétersbourg.

Mais on s'aperçoit qu'il n'y a dans la troupe aucun sujet capable de la seconder. Ceci est un mince obstacle. On fait venir de Paris Vedel [1] pour jouer les premiers rôles, et Mainvielle pour tenir l'emploi des amoureux.

Bientôt ces deux artistes saluent les bords de la Néva.

Georges, ayant enfin un digne entourage, débute à Péterhoff au milieu d'un enthousiasme prodigieux.

Sa Majesté le czar est dans le ravisse-

[1] Le même qui devait diriger plus tard le théâtre de la rue Richelieu.

ment. L'impératrice mère* trouve que notre héroïne *a les doigts de l'Aurore.* Elle lui prodigue les éloges, elle la comble de caresses et la fait jouer aussi souvent que possible dans ses petits appartements ou à l'Ermitage.

Un fait singulier se produisit pendant les représentations données à cette dernière résidence.

Le comte Strogonoff, grand feudataire et boyard de vieille souche, éclatait de rire au milieu des plus beaux passages de *Phèdre* ou d'*Athalie*.

Georges patienta quelques jours.

* Femme de Paul I*er*.

Mais, voyant que les rires continuaient, elle devint furieuse et déclara qu'elle ne reparaîtrait plus en scène si l'on ne trouvait pas moyen de mettre un terme à cette gaieté par trop offensante.

— Mademoiselle, dit Fleuriot[1], jamais le comte ne témoigne autrement son admiration.

— Vous plaisantez, monsieur?

— Non, certes. Plus il rit, plus il vous trouve sublime.

Effectivement, ce grand seigneur n'avait pas d'autre manière d'applaudir.

Il fallut que mademoiselle Georges ac-

[1] Régisseur de la troupe de Saint-Pétersbourg à cette époque.

ceptât, même pour ses tirades les plus larmoyantes, ce procédé tout à fait neuf de lui prouver l'estime qu'on faisait de son talent tragique.

Nous ne savons pas si le comte Strogonoff pleurait aux comédies de Molière.

Après avoir donné huit représentations à la cour, Georges débuta au Grand-Théâtre.

Son succès fut immense.

Peut-être, au moment où nous écrivons, la claque est-elle organisée à Saint-Pétersbourg, comme chez nous, par système administratif; mais ce qu'il y a de certain, c'est qu'on ne la connaissait point en 1809.

Toute la salle applaudissait comme un seul spectateur.

Les princesses elles-mêmes, rivalisant avec les *moujiks* du parterre, criaient à pleins poumons : « Georges ! Georges ! » quand il s'agissait de rappeler la tragédienne à la fin d'une pièce.

C'était un véritable orage de bravos. Il pleuvait des couronnes et des fleurs.

Lasse de ces ovations perpétuelles, et voulant un jour s'y soustraire, notre héroïne gagna un rhume affreux, pour s'être enfuie, par vingt-sept degrés de froid, sous le costume de Roxane.

Le grand-duc Constantin venait assez régulièrement faire sa partie de loto chez mademoiselle Georges avec les comtes Benkendorff et Pouchkine, et le général Kitroff.

Frogère, le beau-frère de la Dugazon, comédien spirituel et très-amusant, tirait les numéros du sac, et ne manquait pas de joindre à chacun des chiffres appelés le synonyme burlesque, si cher aux amateurs de ce jeu puéril : **33**, *les deux bossus*, — **7**, *la pioche*, — **22**, *les cocottes*, — **8**, *la gourde*, etc.

Constantin, riant aux larmes, oubliait de marquer ses cartons et perdait toutes les parties.

On jouait un ducat au premier quine.

Le jeu fini, ces messieurs demandaient parfois à souper.

Mademoiselle Georges, connaissant les goûts un peu cosaques des nobles hôtes, daigna leur préparer, un soir, une salade de choux rouges, et le comte Pouchkine d'improviser aussitôt ce remarquable distique :

J'ai vu Mérope ici nous faire la salade,
Et n'y rien oublier, pas même la poivrade!

Sous le ciel hyperboréen, la poésie peut éclore, mais elle se ressent du climat.

Grands amateurs de théâtre et sachant toujours reconnaître le plaisir qu'on leur donne, les sujets du czar prodiguaient les roubles à la tragédienne. On la voyait se promener sur la Nouvelle-Place, ou le long du pré de la Czarine, dans un équipage splendide traîné par quatre alezans magnifiques, nés aux champs de l'Ukraine.

Si, par hasard, l'empereur Alexandre venait à passer près d'elle, il descendait de *droliski* pour la saluer.

La rencontrant, à l'une de ces promenades, sur un chemin trop étroit, il voulut galamment lui faire place et roula dans le fossé avec sa voiture.

Georges, effrayée, poussait des cris à la portière.

Mais presque aussitôt Alexandre accourut sain et sauf, et dit en souriant :

— Vous avez donc voulu me tuer, belle dame? C'est une conspiration. Rassurez-vous, je ne le dirai pas au czar.

Trouvant chez les Russes gloire et fortune, Clytemnestre ne songe pas à regagner Paris. Mais tout à coup on annonce que Napoléon pénètre au cœur même de l'empire, à la tête de quatre cent mille hommes.

Chez nos artistes français, la fibre de la nationalité tressaille.

Ils s'apprêtent à faire accueil à César victorieux. Hélas! presque aussitôt arrivent de sinistres nouvelles! On chante victoire à Saint-Pétersbourg. La Grande Armée est en retraite.

Mademoiselle Georges, au mépris des injonctions réitérées de la police, refuse d'illuminer les fenêtres de son domicile.

On porte le fait à la connaissance d'Alexandre, qui répond :

— Ne la tourmentez pas. Où est le crime?... C'est une bonne Française.

Mais ni la tolérance du czar ni la promesse d'appointements doubles ne peuvent décider la tragédienne à demeurer sur le sol odieux qui vient de servir de tombe à nos soldats.

Fuyant Saint-Pétersbourg, elle traverse la Baltique et se rend à Stockholm.

Bernadotte, honoré déjà du titre de prince royal, et madame de Staël[1] la reçoivent en compatriote et en amie.

---

[1] L'auteur de *Corinne*, exilée de France, était alors

Charles XIII, le vieux roi, lui expédie en toute hâte une lettre d'audience. Elle se rend au palais et ne trouve d'abord que la reine, qui lui dit, après les premiers compliments échangés :

— Soyez assez bonne pour attendre ; le roi va venir. Il a voulu faire sa grande toilette et passer tous ses ordres.

La cour et la ville fêtent Clytemnestre ; elle ne quitte Stockholm qu'au mois d'août 1813.

A son départ, Bernadotte lui donne un parlementaire et une escorte, afin qu'elle puisse traverser sans péril toute l'Allema-

en Suède, dans la famille de son époux, le baron de Staël-Holstein.

gne en armes, et gagner Brunswick, où se trouve le roi de Westphalie.

On assure qu'elle était chargée de remettre à ce prince des missives importantes.

— Vous arrivez à merveille, lui dit Jérôme. Mon frère est à Dresde. Il vient de remporter une victoire éclatante sur les troupes alliées, et les Russes expient le désastre de la Bérésina. Le premier coup de canon tiré à cette bataille a fracassé les deux jambes au traître Moreau, qui avait accepté un commandement dans l'armée d'Alexandre. On est convenu d'un armistice, et l'empereur appelle la Comédie-Française. Partez vite, on aura besoin de vous.

Le frère de Napoléon fit précéder mademoiselle Georges par un courrier.

Caulincourt vint la recevoir à Dresde, à sa descente de berline.

Elle trouva dans la capitale du royaume de Saxe Bourgoin, Mars, Michelot, et beaucoup d'autres anciens camarades de la rue Richelieu.

Talma n'était point venu.

Napoléon n'avait demandé d'abord que la troupe comique. Mais, à l'arrivée de Georges, le télégraphe envoya de nouveaux ordres en France. Quatre jours après, Talma débarquait à Dresde, accompagné de Saint-Prix.

Corneille et Molière eurent leurs interprètes.

On donna cinquante représentations en pleine Allemagne, et nos artistes revinrent à Paris au mois de novembre. Par décret impérial, mademoiselle Georges fut réintégrée dans tous ses droits à la Comédie-Française.

Elle ne l'aurait plus quittée sans doute, si la politique n'était venue souffler sur la cendre des vieilles discordes.

Au retour du drapeau blanc, Clytemnestre osa se montrer à une fenêtre du boulevard avec un bouquet de violettes à son corsage, quand toutes ses camarades portaient des fleurs de lis.

Jugez du scandale !

On dénonça le crime au duc de Duras, surintendant des théâtres.

Atteinte et convaincue d'impérialisme, mademoiselle Georges fut cassée aux gages comme sociétaire. Un ordre brutal l'exila de la Comédie-Française, et les *Carcassiens* furent dans l'allégresse.

— Voyons, ma chère, ne luttez pas, lui disaient ses amis. Pourquoi compromettre votre avenir ? Faites acte de soumission royaliste

— Non, jamais ! s'écria-t-elle. Vive l'Empereur !

Sans plus de retard, elle quitte Paris et

va jouer en province. Toutes nos grandes villes l'accueillent tour à tour. Cinq années durant, ce beau génie tragique se popularise et reçoit les hommages de la France entière [1].

Enfin, Paris royaliste semble honteux de sa rancune.

On rappelle mademoiselle Georges sans condition. Louis XVIII rend une ordonnance qui lui accorde un bénéfice à l'Opéra, dans *Britannicus*, avec le concours de toute la Comédie-Française.

---

[1] Dans l'intervalle, mademoiselle Georges passa la Manche pour aller donner quelques représentations à Londres. Elle obtint du duc de Devonshire l'autorisation de jouer deux fois au grand Opéra, faveur que personne encore n'avait obtenue. Elle s'y montra dans *Sémiramis* et dans *Mérope*.

De mémoire d'homme, on ne vit pareille affluence.

Le contrôle enregistra trente-neuf mille francs de recette.

Nécessairement on parla de rendre à l'illustre tragédienne sa qualité de sociétaire et de lui rouvrir les portes de la salle Richelieu ; mais Duchesnois poussa des clameurs si perçantes, mais les *Carcassiens* montrèrent le poing d'un air si furieux, que Georges, fatiguée de luttes, dit au ministre :

— Mon Dieu ! n'insistez pas. Je suis à Paris, peu m'importe le parterre devant lequel on me permettra de jouer. Qu'on m'envoie à l'Odéon !

C'était là bien positivement le parti le plus sage.

Le public ne regarde jamais l'enseigne d'un théâtre. Il va saluer ses artistes de prédilection partout où ils se trouvent, et Georges fit passer la Seine, chaque soir, à deux ou trois mille spectateurs.

Elle reprit à l'Odéon tous ses grands rôles, Sémiramis, — Mérope, — Idamé, — Clytemnestre, imposantes créations devant lesquelles mademoiselle Félix recule, et que l'avenir ne la verra probablement point aborder.

C'est un devoir ici de le dire : entre le talent de Georges et celui de Rachel il y a tout un monde.

Mademoiselle Félix fait vibrer les cordes dont son professeur a pu lui donner le diapason, c'est-à-dire les cordes de l'ironie, de la colère, du désespoir; mais la sensibilité, mais la tendresse, mais les larmes lui font absolument défaut.

Georges avait toutes les qualités que Rachel possède et toutes celles qui lui manquent.

Jamais actrice n'a saisi le côté passionné d'un rôle avec un tact plus merveilleux, avec une pénétration plus vive. Mademoiselle Georges, si nous pouvons risquer le mot, flairait son public. En aucun temps il ne lui arriva de manquer l'effet qu'elle voulait produire.

Il s'échappait de tout son être un magnétisme irrésistible qui tenait la salle entière suspendue à son geste et à son regard.

Ce regard avait une expression si victorieuse, que le silence, chez la tragédienne, était parfois aussi émouvant que le discours.

Elle abordait les situations neuves avec cette audace altière que donne le génie, couvrant tout de la majesté de sa nature, et passant par de brusques et sublimes transitions des larmes au rire, et du rire à la terreur.

Nous défions Rachel d'acquérir une semblable puissance.

Au nombre des principaux fournisseurs de l'Odéon se distinguait alors M. Soumet.

Dans sa pièce de *Saül*, il confia le rôle de la pythonisse à mademoiselle Georges. Puis il composa tout exprès pour elle une *Cléopâtre* et une *Jeanne d'Arc*.

Cette dernière pièce eut un succès à bouleverser Paris.

Ligier dans le rôle du duc de Bourgogne, Joanny dans celui du père de Jeanne, et Provost chargé de représenter Bedford, secondèrent dignement l'héroïne lorraine.

En aucun temps l'Odéon n'eut des acteurs plus aimés du public et ne palpa de plus énormes recettes.

Après de nouvelles créations dans *Jeanne Shorr* de Liadières, dans les *Machabées* et dans le *Comte Julien*, mademoiselle Georges, rappelée en province, va pour la seconde fois y moissonner des palmes tragiques.

On lui fait de riches propositions de la part du théâtre d'Amsterdam.

Elle les accepte, passe la frontière hollandaise, et revient à Paris, en 1829, reprendre à l'Odéon ses soirées triomphales.

Une troupe magnifique s'apprête à la soutenir.

Cette troupe compte dans ses rangs Ligier, mademoiselle Noblet, brillante étoile disparue depuis sous un nuage, Lockroy, Marius, Éric Bernard, Stocklet, Duperray, Vizentini, Ferville, et, plus tard, Frédérick-Lemaître.

Avec une partie de ces nobles auxiliaires, Georges fait sa rentrée dans les *États de Blois* par le rôle de Marie de Médicis.

Outre la reprise sur toute la ligne de son répertoire tragique, elle crée les principaux rôles dans *Christine* de Dumas, — dans *Une fête de Néron*, — dans *Norma* de Soumet, — dans la *Maréchale d'Ancre* d'Alfred de Vigny, — et dans *Jeanne la Folle* de Fontan.

Déjà le romantisme commençait à poindre. L'Odéon donnait l'exemple des premières audaces.

Frédérick-Lemaître arrêtait mademoiselle Georges au moment où elle allait paraître dans *Jeanne la Folle*.

— Ma chère, lui disait-il, vous n'êtes pas assez en haillons. Déchiquetez-moi ce manteau royal, faites-en des loques.... très-bien! Maintenant vous êtes superbe!

Et, en effet, au plus grand scandale des classiques, la reine déguenillée voyait applaudir énergiquement son entrée en scène.

Toutes ces pièces ouvraient à la tragédienne de nouvelles et larges perspectives. Mademoiselle Georges n'a jamais été la femme ni des traditions obstinées, ni de la routine. Elle acceptait toutes les métamorphoses de l'art. Au besoin même elle les provoquait et soutenait la hardiesse des novateurs.

Il y avait, à cette époque, dans l'administration dramatique, un homme extrêmement habile, et qu'on prendra toujours pour modèle dès qu'il s'agira de peindre un directeur inépuisable en ressources et plein d'initiative.

On devine que nous parlons de Harel.

Ancien préfet des Landes sous l'Empire,

destitué par la branche légitime, chassé du territoire en même temps que Boulay (de la Meurthe)[1], dont il partagea cinq ans l'exil, Harel eut un destin bizarre.

Éternellement jeté dans les tempêtes, il sut les affronter avec un calme prodigieux, et maintint sa barque à flot par des manœuvres héroïques.

La Restauration lui ayant permis de rentrer en France, il fonde un journal appelé le *Miroir*, fait le coup de plume avec intrépidité, conquiert la direction du second Théâtre-Français, y fomente la ré-

---

[1] Le même que la République de 1848 devait honorer d'une vice-présidence si bouffonne.

volte littéraire, bat les classiques à plate couture, et passe à la direction de la Porte-Saint-Martin pour y remporter de plus éclatants triomphes.

Il est accompagné d'une troupe superbe.

Véritable Jeanne d'Arc romantique, mademoiselle Georges tient la bannière et marche en tête des combattants.

La tragédie a rendu son aurore brillante; maintenant c'est le drame moderne, c'est l'art nouveau qui fera resplendir son automne.

Après une reprise de *Christine*, Harel met sucessivement à l'étude la *Tour de Nesle*, — *Périnet Leclerc*, — *Lucrèce*

Borgia[1], — la Chambre ardente, — Marie Tudor, — la Famille Moronval, — les Malcontents, — le Manoir de Montlouvier, — la Guerre des Servantes, — Jeanne de Naples, — Isabeau de Bavière, — la Marquise de Brinvilliers, — les Sept Enfants de Lara[2], — la Vénitienne, — l'Impératrice et la Juive, —

---

[1] Il y eut une telle frénésie d'applaudissements après le premier acte de cette pièce, que mademoiselle Georges, succombant sous le poids de l'émotion, dit à Victor Hugo : « Ah! mon ami, je n'aurai jamais la force de continuer! » Cependant elle acheva son rôle et ne fut pas une minute au-dessous d'elle-même. Harel fit composer par Piccini la musique de la scène fameuse où les chants mortuaires alternent avec les chants joyeux d'un festin. Chacun frémit encore en se rappelant l'apparition de Lucrèce au milieu des convives. Le drame moderne n'a jamais eu d'effet plus terrible.

[2] Cette œuvre de Félicien Mallefille unissait de

et la *Nonne sanglante,* toutes pièces audacieuses qui soufflettent la vieille école, et où mademoiselle Georges déploie la magnificence de son génie.

Pour chanter dignement cette épopée du romantisme, il faudrait un autre Homère.

Bien certainement la plupart des drames dont nous venons de donner le titre ne sont pas des merveilles; mais, devant le jeu de la grande actrice et devant sa puis-

grandes qualités dramatiques à une obscurité de plan vraiment insensée. Frédéric Soulié disait de ce drame bizarre : « C'est un palais qui manque de fenêtres. » Aujourd'hui mademoiselle Georges ne sait pas encore si tel ou tel personnage de la pièce était son fils ou non.

sance, on oubliait les défauts de la pièce pour n'en voir que les beautés. « Elle vainquit avec les poëtes, dit M. Édouard Plouvier dans une étude remarquable sur notre héroïne, et sut faire une gloire d'un jour aux œuvres qui, pour entrer au temple de l'avenir, manquaient du style, cette clef d'or. »

Le lendemain de la représentation de *Lucrèce Borgia*, Victor Hugo écrivait :

« Mademoiselle Georges passe comme elle veut et sans effort du pathétique tendre au pathétique terrible. Elle fait applaudir et elle fait pleurer. Elle est sublime comme Hécube et touchante comme Desdemona. »

Plus tard, à propos de *Marie Tudor*, le grand poëte ajoutait :

« Depuis le sourire charmant par lequel elle ouvre le second acte jusqu'au cri déchirant par lequel elle clôt la pièce, il n'y a pas une des nuances de son talent qu'elle ne mette admirablement en lumière. Elle crée dans la création même du poëte quelque chose qui étonne et qui ravit l'auteur lui-même; elle caresse, elle effraye, elle attendrit, et c'est un miracle de son talent que la même femme qui vient de vous faire tant frémir vous fasse tant pleurer... »

Le jour où Rachel, après son médiocre succès dans *Angelo*, voulut étudier *Marie Tudor*, Victor Hugo lui dit :

— Très-volontiers, mademoiselle. Mais il faut, avant tout, me suivre chez la célèbre actrice qui a créé le rôle. Seule, elle peut vous dire tout ce qu'il a de grand et de majestueux.

— Moi, prendre des leçons de Georges!... Allons donc! jamais! cria l'orgueilleuse Hermione.

— En ce cas, mademoiselle, dit le poëte, *Marie Tudor* ne sera pas représentée à la Comédie-Française.

Rachel et toutes les autres actrices de l'époque présente n'abordent jamais les rôles médusiens. Ces dames n'acceptent que les rôles sympathiques. Leur talent manque de nerf et ne sait en aucun cas manier la terreur. « Aussi, de nos jours, dit encore M. Édouard Plouvier, la comédie avance; mais impossible de sortir de ce dilemme : Ou Shakspeare est un sot, ou le drame recule. »

Un destin fatal voulut que les plus beaux succès de la direction Harel se trouvassent en lutte avec le découragement jeté dans la population par les troubles qui signalèrent les débuts du règne de Louis-Philippe.

L'enterrement du général Lamarque, les fusillades de la rue Transnonain, les massacres du cloître Saint-Merry, vinrent détruire tour à tour les plus riches espérances du directeur.

A la sixième représentation de la *Tour de Nesle*, on ferma les portes pour laisser passer l'émeute et les charges de dragons.

Bientôt la susceptibilité du pouvoir

acheva la ruine du malheureux théâtre.

Au moment où le *Pacte de famine* ramenait un peu d'or dans la caisse, M. Cavé jugea convenable d'interdire ce drame, et la défense de donner une seconde représentation de *Vautrin* fut le coup de grâce.

Harel, le Napoléon des directeurs, eut son Waterloo.

Mademoiselle Georges, décidée à reprendre ses voyages, alla donner des représentations en Italie, en Autriche, visita de nouveau Saint-Pétersbourg et conduisit Melpomène jusqu'au fond de la Crimée.

De retour à Paris, en 1842, elle joua aux Italiens *Britannicus* et *Lucrèce Borgia*.

Poussé par Rachel, M. Buloz, alors commissaire royal auprès de la Comédie-Française, intrigua de toutes ses forces afin d'obtenir qu'on réduisît mademoiselle Georges au silence.

Une telle injustice eût été par trop criante; le ministre n'osa point la commettre, et chaque représentation des Italiens fut un triomphe.

Mademoiselle Mars y donna le signal des applaudissements dans une loge d'avant-scène.

Pendant les entr'actes, elle parcourait les couloirs en criant aux journalistes :

— Eh bien, où est votre Rachel?... à

cent pieds sous terre!... Reconnaissez-vous enfin la véritable reine tragique?

Obéissant nous ne savons à quel conseil maladroit ou perfide, et voulant disputer le sceptre à sa glorieuse rivale, mademoiselle Félix osa provoquer Georges à un combat devant le parterre.

Hélas! elle n'eut pas même la consolation de balancer un seul instant la victoire!

Cette bataille fameuse eut lieu aux Italiens. Rachel jouait le rôle d'Ériphyle dans *Iphygénie en Aulide*, et Georges remplissait celui de Clytemnestre.

Mademoiselle Félix fut littéralement écrasée.

Pâle, frémissante, elle suivait dans les coulisses, une brochure à la main, les tirades de Clytemnestre, et s'arrachait les cheveux avec désespoir, en disant :

— Mon Dieu ! je n'arriverai jamais là... Quelle vigueur !

Au moment où mademoiselle Georges était en scène, un coup de sifflet honteux se fit entendre. Il partait d'une région de l'orchestre où se trouvait le jeune Raphaël Félix.

— Ceci n'est pas pour moi, sans doute ? dit Clytemnestre à la salle avec majesté.

Tous les spectateurs se levèrent par un

élan d'énergique protestation. Deux cents bouquets tombèrent aux pieds de l'illustre tragédienne; et, cinq minutes durant, les bravos l'empêchèrent de continuer son rôle.

Quand Rachel reparut, après cette ovation provoquée par l'imprudence de ses partisans, on vit son œil briller de colère. Elle osa dire, en se tournant vers la cantonade et en laissant échapper un geste de dédain :

— Mais ôtez donc ces fleurs ! On ne peut plus marcher.

Des coups de sifflets, mieux nourris que le précédent, accueillirent cette insolente boutade.

Personne ne protesta.

— La cause est jugée, dit Victor Hugo. Nous venons de voir la statuette à côté de la statue. Quelle réduction !

Mademoiselle Félix, en vertu des promesses de l'affiche, devait jouer le *Moineau de Lesbie* à la fin de cette soirée. Furieuse de l'humiliation qu'elle venait de subir, elle monta dans sa loge, prit ses habits de ville et disparut.

On supplia le public de vouloir bien entendre, au lieu de la pièce annoncée, un grand air de madame Viardot.

— Certainement, cria-t-on dans la

salle : nous acceptons le rossignol à la place du moineau !

Signant un engagement au second Théâtre-Français, sous la direction Lireux, mademoiselle Georges y reprit tous ses rôles. Elle se montra dans *Marie Tudor* avec madame Dorval [1], qui jouait Jeanne. Puis tout à coup on entendit sur le boulevard du Temple un long cri d'enthousiasme populaire.

L'affiche de la Gaîté annonçait Georges dans la *Chambre ardente*.

Cent représentations successives rappe-

[1] Les deux illustres comédiennes étaient amies intimes. Dans ses derniers jours si tristes et si tourmentés, Dorval trouva le cœur de Georges plein de dévouement et de consolations.

lèrent à la grande interprète du drame moderne les triomphes de ses beaux jours.

Elle créa au même théâtre la *Folle de la Cité*, de Charles Lafont.

Vers 1843, cédant aux instances d'Alexandre Dumas, et secondée par Frédérick-Lemaître, elle donna vingt représentations de la *Tour de Nesle* à la Porte-Saint-Martin. Quatre mille francs de recette furent enregistrés tous les soirs.

Nous ne parlerons ni d'un retour à l'Odéon, ni d'un engagement de très-courte durée au Théâtre-Historique.

L'âge était venu, l'âge impitoyable, qui laisse le génie debout sur les ruines du corps, et ne permet une réédification passagère de ces ruines qu'au prix de fatigues dangereuses et d'un anéantissement physique plus absolu.

Georges quitta la scène pour accepter au Conservatoire les fonctions d'inspectrice, que mademoiselle Mars remplissait avant elle.

Cette place était purement honorifique.

M. Cavé, directeur des Beaux-Arts, faisait la sourde oreille quand Célimène disait :

— Au moins, monsieur, donnez-nous des pensions, puisque nous n'avons pas de croix d'honneur !

La Comédie-Française ouvrit une dernière fois ses portes toutes grandes à son ancienne reine, afin qu'elle pût adresser au public des adieux solennels.

Rachel était alors en Russie.

On pria le père Félix de vouloir bien mettre pour un soir la loge de sa fille à la disposition de la bénéficiaire.

— Ah! tiable!... non, c'est imbossiple, répondit le digne enfant d'Abraham. Rachel serait fexée. Bourguoi ne bas m'afoir bréfenu?... Ch'aurais égrit à Saint-Béterspourg.

Entendant cette absurde et judaïque réponse, Augustine Brohan haussa les épaules et courut offrir sa propre loge à la grande tragédienne.

Georges se montra dans *Rodogune* au milieu d'une affluence de spectateurs, étonnés de lui trouver encore tant de force tragique.

Dieu, ce soir-là, fit un miracle.

Il lui rendit vingt-cinq ans, toute la verve de sa jeunesse et tous les rayons de sa gloire.

« Mademoiselle Georges, dit Théophile Gautier, ressemble, à s'y méprendre, à une médaille de Syracuse ou à une Isis des bas-reliefs éginétiques. L'arc de ses sourcils, tracé avec une pureté et une finesse incomparables, s'étend sur deux yeux noirs pleins de flammes et d'éclairs tragiques; le nez, mince et droit, coupé d'une narine oblique et passionnément dilatée, s'unit avec son front par une ligne d'une simplicité magnifique; la bouche est puissante, aiguë à ses coins, superbement dédaigneuse comme celle de Némésis vengeresse qui attend l'heure de démuseler son lion aux ongles d'airain. Cette bouche a pourtant de charmants sourires, épanouis avec une grâce tout impériale, et l'on ne dirait pas, quand elle veut exprimer les passions tendres, qu'elle vient de lancer l'imprécation antique ou l'anathème moderne. Le menton, plein de force et de résolution, se relève fermement, et termine par un contour majestueux ce profil, qui est plutôt d'une déesse que d'une femme. Une singularité remarquable du col de mademoiselle Georges, c'est qu'au lieu de s'arrondir intérieurement du côté de la nuque, il forme un contour renflé et soutenu qui lie les épaules au fond de la tête sans aucune sinuosité. L'attache des bras a quelque chose de formidable par la vigueur des muscles et la violence du contour. Un des bracelets d'épaules ferait une ceinture pour une femme de taille moyenne. Mais ils sont très-blancs, très-purs, terminés par un poignet d'une délicatesse enfantine et par des mains mignonnes, frappées de fossettes, de vraies mains royales faites pour porter le sceptre et pétrir le manche du poignard d'Eschyle et d'Euripide. »

Le grand admirateur de la forme pouvait seul nous donner ce portrait splendide.

Il reste encore à mademoiselle Georges des traces de cette merveilleuse beauté qui a mis deux siècles à ses genoux.

Elle conserve la noblesse et la majesté de son regard, sa fière prestance, et l'on admire toujours cette main de reine, attachée à un bras dont le modèle est perdu depuis Phidias.

FIN.

AVIS DE L'AUTEUR

Nombre d'incidents surgissent parfois à la suite de la publication de nos volumes; nous les mentionnerons de temps à autre à l'avenir dans quelques pages d'avant-propos, et sous ce titre : CHRONIQUE DES CONTEMPORAINS. La prochaine notice contiendra une lettre curieuse de M. Louis Veuillot, adressée au *Moniteur du Loiret*, à Orléans, et relative à sa biographie. Cette lettre sera suivie de notre réponse, que nous adressons, dès aujourd'hui, à M. le rédacteur en chef de l'*Univers*.

Paris, 15 février 1856.

EUGÈNE DE MIRECOURT.

www.ingramcontent.com/pod-product-compliance
Lightning Source LLC
LaVergne TN
LVHW050638090426
835512LV00007B/918